英語で読む

古典落語

Traditional
Comic Stories
from
Japan

らくご

CD付き

ジャパンタイムズ「週刊ST」編
英文●Benjamin Woodward

The Japan Times

W0111124

CONTENTS

CD について

CDには本書の英文がすべて収録されています。
一流のナレーターが、感情豊かに朗読していますので、これをお手本にしながら音読の練習をしてみましょう。

★収録時間　約40分

★トラック番号は **CD 001** のようにそれぞれの英文の最初に示されています。

ナレーター紹介

カナダ亭 恋文（ラブレター）

カナダ亭 恋文 （本名：グレッグ・ロービック）
1970年4月6日カナダ・トロント生まれ。
作曲家・劇作家・アコーディオン漫談家。カ
ナダ国内にて、ミュージカルの脚本と作曲を
多数手がける。
ギリシャ古典研究家としての顔も併せ持ち、
古代ギリシャ文明と日本の歌舞伎の研究を目
的として、1999年4月に初来日。
行きつけの居酒屋の親父さんに連れられ落語
を体験し、なぜかはまってしまう。そこで落
語家の三遊亭亜郎と知り合い、アコーディオ
ン漫談をなぜか始める。
2007年現在は大阪芸術大学で落語の勉強中。
ウェブサイト http://www.areguro.com/

■英文執筆　Benjamin Woodward
■翻訳／語句解説　中村直子
■編集協力　松本静子
■装丁　渋川育由
■カバー／本文イラスト　川崎敏郎
■本文デザイン　株式会社芳林社
■DTP　朝日メディアインターナショナル株式会社
■録音　ELEC 録音スタジオ

＊本書は、「週刊ST」の好評連載「辞書なしで読む英語落語」に一部加筆・修
　正して再構成したものです。

初　出

皿屋敷（さらやしき） ■「週刊ST」2006年10月6日～2006年10月13日
寿限無（じゅげむ） ■「週刊ST」2006年10月20日～2006年10月27日
頭　山（あたまやま） ■「週刊ST」2006年11月17日～2006年11月24日
回り猫（まわりねこ） ■「週刊ST」2006年12月15日
権兵衛狸（ごんべえだぬき） ■「週刊ST」2006年12月22日
天狗裁き（てんぐさばき） ■「週刊ST」2007年1月5日～2007年1月19日

皿屋敷
さらやしき

Dish Manor

There once was a man who was rich and cruel. In his house was a servant girl whose name was Okiku, and she was so beautiful that her master fell in love with her at first sight.

He told her that he loved her. He told her that he wanted to be with her for the rest of his life. He told her he would kill himself if she refused him.

Okiku told him to keep his hands to himself.

■Dish Manor: 皿屋敷 [歌舞伎では『播州皿屋敷』が有名だが、各地に似た話が多い。「お菊の皿」という演題でも知られる。怪談を巧みに取り入れ、パロディーにしてオチをつけたもの。manorは『荘園』、または『領地内の領主の屋敷』の意] ■once: かつて、昔 ■rich: 金持ちの ■cruel: 残酷な ■servant girl: 女中、お手伝い [servant は「使用人」の意の名詞] ■so ... that 〜: あまりに…なので〜 ■beautiful: 美しい ■master: 主人 ■fall in love with ...: …に惚れる [fell は fall の過去形] ■at first sight: 一目で [love at first sight なら「一目惚れ」] ■be with ...: …と一緒にいる ■for the rest of one's life: これから生涯ずっと ■kill oneself: 自殺する ■refuse: 拒否する ■keep one's hands to oneself: 手を出さない、気安くさわらない [この句の文字通りの意味は「自分の両手を自分のもとから離さないでおく」で、→「他人に触れない」となる]

The master was furious. He couldn't believe a woman — particularly a woman so beautiful — could refuse him. He vowed revenge.

He brought out the family's collection of priceless dishes. There were ten dishes, and they were very old and very beautiful. He ordered Okiku to clean them, and told her if she broke one, he would kill her.

And so Okiku set to work with the utmost care, and when she wasn't looking, the master took one of the dishes and hid it away. He then went to Okiku and demanded she show him all the dishes. She laid them out, one by one. "One, two, three, four . . ." she counted.

 ■furious: 激怒した、怒り狂った ■believe: 信じる ■particularly: 特に ■vow: 誓う ■revenge: 復讐 ■bring out: 持ち出す [brought は bring の過去形] ■collection: 収蔵物 ■priceless: とても高価な、値のつけられないほど貴重な ■order ... to ～: …(人)に～するよう命じる ■clean: きれいにする、洗う ■break one: =break one of the dishes (皿の1枚を割る) [broke は break の過去形] ■kill: 殺す ■set to work: 仕事を始める [setは set-set-setと変化する。ここは過去形] ■with the utmost care: できる限り気をつけて ■hide ... away: …を隠す [hid は hide の過去形] ■demand that ...: …を要求する [demandに続く節内の動詞は〈原形動詞〉または〈should＋原形動詞〉。よってthat以下の (she) show は原形動詞] ■show: 見せる ■lay ... out: …を並べる ■one by one: 1枚ずつ ■count: 数える

But once she reached the ninth plate, she couldn't find the tenth. The master accused Okiku of stealing a dish and took out his sword. Sobbing, she told him that she hadn't stolen the dish. But he wouldn't listen. He killed her, and threw her body down the well.

The following night, the master was settling down to sleep when he heard a sad, ghostly voice: "One, two . . ." it said.

■once: いったん　■reach ...: …までくる　■ninth: 9枚目の　■plate: 皿　■tenth: = tenth plate（10枚目の皿）　■accuse ... of 〜ing: …（人）が〜したと言って責める　■steal: 盗む　■take out: 取り出す [took は take の過去形]　■sword: 刀 [**発音注意**]　■sob: むせび泣く、泣きじゃくる　■hadn't stolen: 盗んでいない　[**過去のひとつ前の過去であるため過去完了形になっている。stolen は steal の過去分詞形**]　■wouldn't listen: 聞こうとしなかった [**would not は強い拒絶を表す**]　■throw ... down 〜: …を〜に放りこむ [**threw は throw の過去形**]　■well: 井戸　■following night: 次の夜　■settle down to ...: …にしかかる、くつろいで…する　■sleep: 眠る　■hear: 聞く [**heard は hear の過去形**]　■sad: 悲しい　■ghostly: 亡霊のような　■voice: 声

"Who's there?" the master cried, terrified.

"Three, four . . ." continued the voice.

The master tore open the screen door but there was no one there.

"Five, six . . ." said the voice.

The master ran out into the garden.

"Seven, eight . . ." said the voice.

The master found himself near the well. He saw something black floating out of it. It was human hair. The master fell back in horror. There was a woman coming out of the well.

■cry: 叫ぶ ■terrified: ぞっとして ■continue: 続ける ■tear open: 勢いよく引き開ける [tore は tear の過去形] ■screen door: 障子、ふすま ■run out: 走り出る [ran は run の過去形] ■garden: 庭 ■find *oneself* ...: 気がついてみると…にいる ■see something black floating out of it: なにか黒いものがそこから浮かび出る [see は感覚動詞。〈see＋A＋B（...ing）〉で「AがBしているのを見る」。float out は「浮かんで流れだす」。it は well を指す] ■fall back: 飛び退く [fall(落ちる)＋back(後ろに)は、「たじろいで下がる」] ■in horror: ぞっとして ■come out of ...: …から出る

"Nine . . ." said the voice.

"Okiku!" screamed the master, and the next morning his servants found him dead.

Every night after that, the ghost of Okiku would rise from the well, counting the dishes, and it was said that whoever listened to her count to nine would die instantly.

■scream: 悲鳴を上げる　■find ... dead: …が死んでいるのを発見する〔〈find ＋ A ＋ B〉で「AがBの状態であると気づく」の意。foundはfindの過去形〕　■every night: 毎晩　■ghost: 幽霊　■rise from ...: …から出てくる　■it is said that ...: ＝ people say ... ＝ they say ...（…という噂だ）　■whoever ...: …した人は誰でも　■listen to her count to nine: 彼女が9まで数えるのを聞く〔listen toは感覚動詞。〈listen to ＋ A ＋ B（原形動詞）〉で、「AがBするのを聞く」〕　■die: 死ぬ　■instantly: 即座に、その場で

In less than a month she became a nationwide sensation. People now came from far and wide to see Okiku float out of her well and count her plates. "One, two, three," she would moan, and the crowd pressed around, watching her. When she reached "seven," someone would shout, "Run!" And the crowd would rush out of the garden, because they knew if they heard her count to nine, they would die.

■in less than a month: ひと月も経たないうちに [in は「…経って」] ■become ...: …になる [became は become の過去形] ■nationwide: 全国的な ■sensation: 評判の的、センセーションを引き起こすもの ■from far and wide: 至るところから ■see ... float out of 〜: …が〜からふうっと現れるのを見る [see は感覚動詞。〈see＋A＋B（原形動詞）〉で「AがBするのを見る」。float は「漂う」] ■moan: うめくように言う ■crowd: 群集 ■press around: 周りで押し合う ■watch: 見る、注視する [「動くものをじっと見守る」という意味合いがある] ■shout: 叫ぶ ■rush out of ...: …からどっと出て行く ■hear ... count to nine: …が9まで数えるのを聞く [hear は listen to と同様、感覚動詞。〈hear＋A＋B（原形動詞）〉で「AがBするのを聞く」。listen to は「聞こうとすれば」、hear は「聞いてしまったら」のニュアンスの違いがある]

She became more and more popular. Soon the crowds became so big that ticket booths were set up outside the house. People had to book months in advance to get in. Stalls appeared, selling everything from Okiku dolls and Okiku cakes, to Okiku plates, tea sets and fans with "I survived Okiku" written on them.

There were songs about her, poems about her, plays about her. Other cities created their own ghosts to rival her. Experts argued about which of the 10 plates — all on exhibition in a local museum — was the Tenth. Women dressed like Okiku, and girls had to be rescued from wells after throwing themselves in because they wanted to be like her.

■become more and more popular: ますます人気者になる [popular は「人気のある」] ■soon: すぐに ■ticket booth: 切符売り場 ■be set up: 設けられる ■outside ...: …の外に ■have to ...: …しなければならない ■book: 予約する ■months in advance: 何か月も前もって ■get in: 入る ■stall: 夜店、露店 ■appear: 現れる ■survive: 生き延びる [「お菊を見たが、死なずに済んでいる→生きている」の意味] ■poems: 詩 ■play: 劇 ■city: 都市 ■create: 作り出す ■rival ...: …と張り合う ■expert: 専門家 ■argue: 論議する ■on exhibition: 展示中の ■local: 地元の ■museum: 博物館、資料館 ■Tenth: T が大文字になっているのは強調のため ■be rescued from ...: …から助け出される ■throw *oneself* in ...: …に身を投げる

But fame did not affect Okiku. She continued to appear each night, unfazed by the crowd, looking the same as she did when she first floated out of the well — although some complained that she wasn't counting like she used to. ("It's just routine now," said one disappointed fan. "Nothing like the pure emotion when I first saw her.")

■fame: 名声 ■affect: 影響する、変化をもたらす ■unfazed: 動じない、うろたえない ■look the same as she did: 以前と全く同じ様子に見える [she did=she looked like] ■although: …ではあるが ■complain: 文句を言う ■some ...: なかには…な者もいる ■used to: 以前は…だった [toの後にcountが省略されていると考える] ■routine: 型にはまったもの ■disappointed: 失望した、がっかりした ■Nothing like ...: = It's nothing like ... (…とは比べものにならない) ■pure: 純粋な ■emotion: 感情

Then one night something strange happened. Okiku appeared as usual, everyone cheered, and she started counting: "One, two . . . atchoo!"

"You all right there, Okiku?" asked someone from the audience.

"Just a little cold," said Okiku, wiping her nose. "Nothing to worry about. Three, four . . . atchoo!"

And when she reached "seven," the crowd yelled and tried to run out of the garden. But because there were more people than usual, they got stuck in the gate. They couldn't get out.

"Eight," said Okiku.

■something strange: なにか奇妙なこと　■happen: 起きる　■as usual: いつものように　■cheer: 喝采する、やんやとはやしたてる　■atchoo: ハクショーン［クシャミの擬声語。これ以外にも achoo、atichoo などさまざまなつづりがある］
■audience: 観客　■a little cold: ＝I have a little cold（ちょっと風邪をひいている）　■wipe: ぬぐう　■nose: 鼻　■Nothing to worry about.: ＝ It's nothing to worry about.（心配するようなものではない）　■yell: 叫ぶ　■more ... than usual: 普通より多くの…　■get stuck: つっかえる［gotは getの過去形］　■gate: 門、出入り口　■get out: 出る

The crowd struggled to get out. "We're going to die!" screamed a woman hysterically.

"Nine," said Okiku.

The crowd froze.

"Ten," said Okiku. "Eleven. Twelve."

"What's going on?" someone asked, and Okiku said, "It's this blasted cold. I'm taking tomorrow night off so I thought I'd do nine more plates in advance."

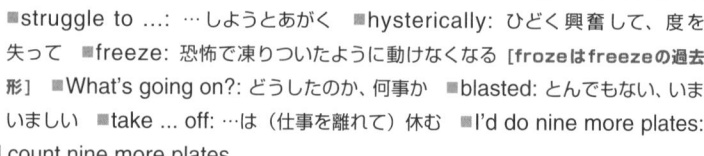

■struggle to ...: …しようとあがく　■hysterically: ひどく興奮して、度を失って　■freeze: 恐怖で凍りついたように動けなくなる [frozeはfreezeの過去形]　■What's going on?: どうしたのか、何事か　■blasted: とんでもない、いまいましい　■take ... off: …は（仕事を離れて）休む　■I'd do nine more plates: =I would count nine more plates

むかし、金持ちで底意地の悪い男がおり、その屋敷にお菊という腰元が働いていました。お菊は絶世の美女でしたので、主人はたちまちのぼせあがりました。

　主人はお菊に、おまえに惚れてしまったと打ち明けました。生涯そばに置きたいとくどきました。肘鉄を食わされたら自害すると申しました。

　お菊の返事は「あたしに構わないでくださいな」という、すげないものでした。

　主人はかんかんに怒りました。女が、それもこんなにいい女が自分を袖にするとはどうにも合点のいかない話です。意趣返しをしなければおさまりがつきません。

　主人は、値のつけようもないほど貴重な家宝の組み皿を取り出しました。10枚揃いの、たいへん古びた、たいへん見事な皿です。これの手入れをするようお菊に命じ、1枚でも割ったら手打ちにすると申しわたしました。

　そこで、お菊はよくよく気をつけて仕事にかかりました。でも、お菊がちょっと目を離したすきに主人は皿を1枚抜き、隠してしまいました。それから主人はお菊に向かって、皿をぜんぶ見せろと言いつけました。お菊は皿を1枚ずつ並べ、「1枚、2枚、3枚、4枚…」と数えていきました。

　ところが、9枚目まではきたものの、10枚目が見つかりません。主人はお菊が皿を盗んだと言って責め、刀を持ち出しました。お菊はむせび泣きながら盗んでなどおりませんと抗弁しますが、どうあっても聞き入れてもらえません。主人はお菊を切り殺し、死骸を井戸に投げこみました。

あくる晩、主人が床につこうとしていると、もの悲しく背筋がぞっとするような声が聞こえてまいりました。「1枚、2枚…」

　「何者だっ」。震えあがった主人が尋ねました。
　「3枚、4枚…」。声は続きます。
　主人はさっと障子を引き開けましたが、誰の姿もありません。
　「5枚、6枚…」
　主人は庭に走り出ました。
　「7枚、8枚…」。
　主人はいつの間にか井戸のそばに来ておりました。何か黒いものが井戸からぞろりと出てくるのが目に入りました。人間の髪の毛です。ぎょっとした主人は飛びすさりました。ひとりの女が井戸から現れました。

　「9枚…」
　「お菊っ」。主人は悲鳴を上げました。そして翌朝、下男が冷たくなった主人を見つけました。
　それからというもの、お菊の幽霊は毎晩井戸からせり上がってきて、皿を数えるのでした。9枚まで数えるのを聞いた者はその場で死んでしまうのだそうです。

　ひと月も経たないうちにお菊は国中で大評判になりました。
　お菊が井戸からゆらりと現れて皿を数えるのを見に、大勢の見物人がはるばるやってきます。「1枚、2枚、3枚」。うらめしそうな声に、黒山の人だかりが押し合いへし合いしながらまじまじとお菊を見つめます。「7枚」までくると、誰かが「逃げろっ」と叫び、みんなは庭からどっと逃げ出します。9枚まで聞

いてしまったら死ぬとわかっているからです。

　お菊人気はどんどん盛り上がりました。そのうち、人だかりがあまりに大きくなってしまったので、屋敷の外に切符売り場ができました。入るためには何か月も前に予約を入れなくちゃいけません。露店が出て、お菊人形やお菊まんじゅうをはじめ、お菊皿、湯呑みと急須のセット、それに「お菊を見たが生きてるぜ」と書いた扇子まで売り出されるしまつ。

　お菊を歌った民謡、お菊を詠んだ和歌、お菊の芝居もできました。よその町々では、お菊の向こうを張って地元の幽霊をでっち上げました。専門家は10枚の組み皿のうちどれが10枚目かを論じました。10枚ぜんぶ地元の博物館に展示されているのです。女の人はお菊ファッションで身を飾り、若い娘たちはお菊のようになりたくて井戸に身を投げるので、助け出してやらねばなりませんでした。

　でも、お菊は名声にも動じませんでした。人だかりもなんのその、お菊は毎晩決まって現れ、その様子は最初に井戸からゆらりと現れたときと寸分も違いません。とはいえ、数え方が昔のようではないとこぼす者もおりました（「お決まりの行事みてえになっちまってよ」とは失望したファンのせりふです。「一番最初にお菊を見たときの、なまの情感とは比べ物にならねえ」）。

　ところが、ある晩、妙なことが起きました。いつものようにお菊が現れ、みんなが拍手喝采し、皿の勘定がはじまったときです。「1枚、2枚…ハックション！」

「大丈夫かい、お菊さん」。見物人が尋ねました。

　「ちょいと風邪をひいちまいまして」。お菊は鼻をぬぐいました。「たいしたことはございません。３枚、４枚…ハックション！」

　そして、「7枚」までくると人々はわっと叫び、庭から逃げ出そうとしました。でも、いつもよりさらに大勢が詰めかけていたため、みんなは門のところでつかえてしまい、外に出ることができません。

　「8枚」

　人々は出ようとして必死でもがきました。「みんな死んじまうよう！」と、女が半狂乱で悲鳴をあげました。

　「9枚」

　群集は凍りつきました。

　「10枚。11枚。12枚」

　「いったいどうしたってんだ」。誰かが尋ねると、お菊いわく、「ひどい風邪でまいってるんでございますよ。明日はお休みいたしますので、前もってもう9枚数えておこうと思いまして」

寿限無
じゅげむ

Jugemu

The monk looked at the baby and thanked heaven he had never had children. It howled and it screamed and it struggled with all its might to get out of its mother's arms. "Monstrous," thought the monk.

"We're trying to choose a name for our son," the father said, "and we thought you could advise us, give him a name that'll bring him good fortune when he grows up."

■Jugemu: 寿限無 [「寿限り無し」、つまり「死ぬときがない」ということから「寿限無」など、縁起がいい言葉を連ねた長い名前をつけられた男の子の噺。一番よく知られる落語のひとつで、長い名前が口ならしになるところから前座の稽古用の噺によく使われる。英語バージョンでは縁起がいい英語の名前や言葉を語調よく連ねてあるので、声に出して読んでみよう（和訳ではおなじみの日本語の寿限無の名前を使用した）] ■monk: 僧 ■thank heaven: 天に感謝する ■child: 子供 [children は child の複数形] ■it: =the baby [ここは性別がわからない、あるいは問題にしていないので非人称の it で受けている] ■howl: 泣きわめく ■scream: 叫ぶ ■struggle: もがく、じたばたする ■with all *one's* might: 力の限り ■get out of ...: …から逃れる ■arm: 腕 [ここでarmsと複数になっているのは、母親の両腕で抱かれているから] ■monstrous: ものすごい、ぞっとするような ■choose: 選ぶ ■bring: もたらす ■good fortune: 幸運 ■grow up: 育つ、大きくなる

What the monk wanted to do at that moment — more than anything — was to have a nap. It was a hot, lazy summer afternoon and the family's visit had come unexpectedly.

So the monk mumbled a list of suggestions, and that done, his head aching from the baby's screaming, he retired to his room.

■at that moment: その瞬間 ■more than anything: なによりも ■nap: 昼寝 [have a napで「昼寝をする」] ■lazy: 活気のない、眠気をもよおす、けだるい ■visit: 訪問 [visitという〈物〉が主語の英語らしい言い方に注目。the family had come unexpectedlyと同じ] ■unexpectedly: 思いがけなく、突然に ■mumble: もぐもぐ言う、つぶやく ■suggestion: 提案、思いつき [a list of suggestionsで、「思いつきをずらずらと」] ■that done: = that having been done（それが終わると）[thatは前文の内容を受けている] ■ache from ...: …で痛む [acheの発音注意。fromは〈原因〉を表す] ■retire to ...: …に引きさがる

The young couple had listened with gratitude and reverence. But unfortunately they had misheard what the monk had said. They were both poor of hearing, and not only that, the baby had been crying loudly and the monk had not spoken clearly. So they completely muddled up the monk's advice, and they ended up naming their child:

Jugemu-Jugemu-Jabulani-Skylar-Wealth-Health-Bounty-Boadicea-Fortune-Favor-Felicia, No, Felicity-Tegwen-Luck-Lakshmi-Eustace-Omar-Zahir, Wait, Stacy-Serendipity-Joy-Hope-Chaunce-Ilario-Live-Long-and-Prosper.

■gratitude: 感謝　■reverence: 畏敬　■mishear: 聞き違える [misheard は mishear の過去分詞形]　■poor of ...ing: …するのが苦手な [「得意な」なら、good of]　■loudly: 大声で　■muddle up ...: …をごっちゃにする　■name: 名前をつける　■Jugemu Jugemu のあとは幸運な意味をもつ人名や物事の羅列。Jabulani は「(バンツー、人名) 幸せな」、Skylar は「(米、人名) 永遠の愛・力・愛」、Wealth は「富」、Health は「健康」、Bounty は「賜物」、Boadicea は「(英、人名) 勝利」、Fortune は「富、運」、Favor は「好意」、Felicia は「(ラテン、人名) 幸福」、No は「(和尚さんの独り言) いや」、Felicity は Felicia の別称、Tegwen は「(ウェールズ、人名) 美しく祝福された」、Luck は「運」、Lakshmi は「(ヒンズー、人名) 吉兆」、Eustace は「(ギリシャ、人名) たわわな」、Omar は「(アラビア・ヘブライ、人名) 雄弁・繁栄・長寿」、Zahir は「(アラビア、人名) 繁栄」、Wait は「待てよ (和尚さんの独り言)」、Stacy は Eustace の短縮形、Serendipity は「思わぬ発見をする才能」、Joy は「喜び」、Hope は「希望」(Joy も Hope も、人名としてよく使われる)、Chaunce は「(英、人名) 幸福」、Ilario は「(伊、人名) 喜びあふれた」、Live Long and Prosper は「長生きし栄えよ」

"It's a long name, isn't it, dear?" said the mother. "And a little strange. Look at our neighbors' son. They went to the same monk and they've just called him Taro."

"But you heard him," said the father. "It's what our son has to be called if he's going to have any good fortune in the future."

"Yes, I suppose you're right," sighed the mother.

■dear: 夫婦や親子などの間で呼びかけに使われる言葉。特に女性が用いる ■isn't it?: そうじゃないかい？［ここでは、相手に同意を求めている付加疑問文。語尾を下げて言うと「そうですよね」と相手に念を押す用法になる］ ■strange: 奇妙な ■neighbor: 隣人 ■it is what ... (if 〜): (〜であれば) …が肝心だ、…ということだ［一種の強調構文。our son has to be calledを強調している］ ■in the future: 将来 ■I suppose ...: …だと思う ■sigh: ため息をつく

And so Jugemu-Jugemu-Jabulani-Skylar-Wealth-Health-Bounty-Boadicea-Fortune-Favor-Felicia, No, Felicity-Tegwen-Luck-Lakshmi-Eustace-Omar-Zahir, Wait, Stacy-Serendipity-Joy-Hope-Chaunce-Ilario-Live-Long-and-Prosper, or Jugemu — as we will call him here — grew up into a remarkably normal young boy.

■or: つまり、すなわち　■as we will call him here: ここでは彼をそのように呼ぶことにするが　■grow up into ...: 育って…になる [grew は grow の過去形]　■remarkably: 非常に　■ normal: 普通の

One day, Jugemu and his best friend Taro were on their way to school when they had an argument over the origin of wind. "It's the trees sneezing," said Jugemu, but Taro said it wasn't and Jugemu hit Taro very hard on the head, so hard that it left a lump on Taro's head and made Taro cry.

Taro ran to Jugemu's mother.

"He hit me," he wailed. "Jugemu-Jugemu-Jabulani-Skylar-Wealth-Health-Bounty-Boadicea-Fortune-Favor-Felicia, No, Felicity-Tegwen-Luck-Lakshmi-Eustace-Omar-Zahir, Wait, Stacy-Serendipity-Joy-Hope-Chaunce-Ilario-Live-Long-and-Prosper hit me. There's a big lump on my head. Look."

■one day: ある日　■best friend: 親友　■on *one's* way to...: …へ行く途中で　■have an argument over ...: …について口論になる、けんかする　■origin: 由来　■wind: 風　■sneeze: くしゃみをする　■hit ... on the head: …の頭をなぐる [hit は hit-hit-hit と変化。ここは過去形]　■so ... that～: あまりに…なので～　■leave: 残す [left は leave の過去形]　■lump: こぶ　■make ... cry: …を泣かせる [make は使役動詞で、〈make ＋A＋B〉で「(人・事が) A に B させる」。made は make の過去形]　■run to ...: …のところに駆けつける [ran は run の過去形]　■wail: 泣き叫ぶ

"What?" cried Jugemu's mother. "Jugemu-Jugemu-Jabulani-Skylar-Wealth-Health-Bounty-Boadicea-Fortune-Favor-Felicia, No, Felicity-Tegwen-Luck-Lakshmi-Eustace-Omar-Zahir, Wait, Stacy-Serendipity-Joy-Hope-Chaunce-Ilario-Live-Long-and-Prosper hit you. Wait, I will call his father. This must be dealt with right away."

Jugemu's mother went to the next room.

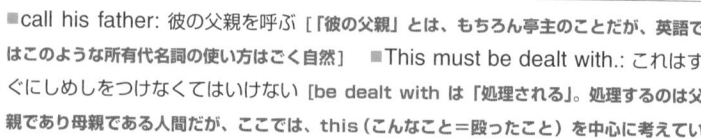

■call his father: 彼の父親を呼ぶ [「『彼の父親』とは、もちろん亭主のことだが、英語ではこのような所有代名詞の使い方はごく自然] ■This must be dealt with.: これはすぐにしめしをつけなくてはいけない [be dealt with は「処理される」。処理するのは父親であり母親である人間だが、ここでは、this (こんなこと＝殴ったこと) を中心に考えているので、あえて受け身になっている] ■ right away : 直ちに

"Come here, dear. I have just heard that Jugemu-Jugemu-Jabulani-Skylar-Wealth-Health-Bounty-Boadicea-Fortune-Favor-Felicia, No, Felicity-Tegwen-Luck-Lakshmi-Eustace-Omar-Zahir, Wait, Stacy-Serendipity-Joy-Hope-Chaunce-Ilario-Live-Long-and-Prosper hit young Taro here and now there's a big lump on his head. Can you believe that Jugemu-Jugemu-Jabulani-Skylar-Wealth-Health-Bounty-Boadicea-Fortune-Favor-Felicia, No, Felicity-Tegwen-Luck-Lakshmi-Eustace-Omar-Zahir, Wait, Stacy-Serendipity-Joy-Hope-Chaunce-Ilario-Live-Long-and-Prosper would do such a thing?"

■I have just heard that Jugemu ... hit young Taro: 寿限無が小さい太郎をぶった、と聞いたところだ [that 節の中は、主語が Jugemu ...で動詞が hit]
■believe: 信じる　■such a thing: そんなこと

"We can't allow that," said Jugemu's father. "I will not have my son, Jugemu-Jugemu-Jabulani-Skylar-Wealth-Health-Bounty-Boadicea-Fortune-Favor-Felicia, No, Felicity-Tegwen-Luck-Lakshmi-Eustace-Omar-Zahir, Wait, Stacy-Serendipity-Joy-Hope-Chaunce-Ilario-Live-Long-and-Prosper, hitting anyone. Now, where's this lump? Show me where Jugemu-Jugemu-Jabulani-Skylar-Wealth-Health-Bounty-Boadicea-Fortune-Favor-Felicia, No, Felicity-Tegwen-Luck-Lakshmi-Eustace-Omar-Zahir, Wait, Stacy-Serendipity-Joy-Hope-Chaunce-Ilario-Live-Long-and-Prosper hit you."

"Here, sir," said Taro. "This is where Jugemu-Jugemu-Jabulani-Skylar-Wealth-Health-Bounty-Boadicea-Fortune-Favor-Felicia, No, Felicity-Tegwen-Luck-Lakshmi-Eustace-Omar-Zahir, Wait, Stacy-Serendipity-Joy-Hope-Chaunce-Ilario-Live-Long-and-Prosper hit me."

■allow: 許す　■will not have my son ... hitting anyone: 息子がどこの誰だってぶつようなことはさせない [have は使役動詞で、〈have ＋ A ＋ B(...ing)〉で、「AにBさせる」の意。ここのwillは主語の意志を表し、will notで、「〜しない」]　■show: 見せる [〈show ＋ A（人）＋ B〉で、「AにBを見せる」]　■sir: 男性に対する敬称。この場合は「おじさん」

But because it took so long to say Jugemu's name, by the time Jugemu's father began feeling Taro's head, the lump had disappeared.

"You little liar," shouted the father. "You cockroach, you nit, you drip of axle grease! How dare you accuse my son, Jugemu-Jugemu-Jabulani-Skylar-Wealth-Health-Bounty-Boadicea-Fortune-Favor-Felicia, No, Felicity-Tegwen-Luck-Lakshmi-Eustace-Omar-Zahir, Wait, Stacy-Serendipity-Joy-Hope-Chaunce-Ilario-Live-Long-and-Prosper of something he hasn't done." And Jugemu's father hit Taro hard on the head, and Taro ran away, crying for the second time, with another lump on his head.

■it took so long to ...: …するのにあまりに長いことかかった　［〈it takes ... to 〜〉で、「〜するのに…（時間が）かかる」の意。it は〈時〉を表す用法］　■by the time ...: …までに　■feel: さわってみる、さわって調べる　■disappear: 消えうせる ［「頭にさわった」という過去の行為の前にすでに消えていたので had disappeared と過去完了形になっている］　■liar: うそつき　■cockroach: ゴキブリ　■nit: シラミの卵　■drip of axle grease: ろくでなし ［文字通りには drip は「ひとたらし」、axle grease は「心棒用グリースのしずく」の意味］　■how dare you ...: よくも…したな ［dare は「ずうずうしく…する」］　■accuse ... of 〜: 〜について…を責める　■run away: 走り去る　■for the second time: 二度目に　■another lump: もう一つの（できた）こぶ

CD
011

　　和尚さんは赤ん坊を目にして天に感謝しました。わしは子供がなくて助かったわい。赤ん坊はぎゃあぎゃあ泣きわめき、おっかさんの腕から逃れようとあらん限りの力をふりしぼってもがきます。「こりゃたまらん」と和尚さんは思いました。

　　「この坊主の名前を選んでやりてえんで」と、おとっつぁんが申しました。「和尚さんなら教えてくださると思いまして。こいつが大きくなるとき、結構な運を授かるような名前をつけてやってくだせえ」

CD
012

　　そのとき、和尚さんがなによりしたかったのは、ごろりと横になることでした。暑くてぐったりするような夏の昼下がりに、この一家が不意に押しかけてきたのです。

　　そこで和尚さんは、これがいいんじゃないかと思う名前をもごもご並べたて、それがすむなり、赤ん坊のわめき声でずきずきする頭をかかえて自室に引っ込みました。

CD
013

　　若いおとっつぁんとおっかさんはありがたく思い、恐れ入って耳を傾けておりました。ところが、なんということか、ふたりは和尚さんの言葉を聞き違えてしまいました。ふたりとも耳があまりよくなかったし、その上、赤ん坊が大音声で泣いていたし、和尚さんのしゃべり方もわかりにくかったのです。それで、両親は和尚さんの教えをまったくごちゃごちゃにして、結局、子供にこんな名前をつけました。

　　寿限無寿限無五劫の擦り切れ、海砂利水魚の水行末雲来末風来末、食う寝るところに住むところ、藪ら柑子のぶら柑子、パイポパイポパイポのシューリンガン、シューリンガンのグーリンダイ、グーリンダイのポンポコピーのポンポコナーの長久命の長助。

「長い名前だねえ、おまえさん」と、おっかさんが申しました。「それに、ちょっと変じゃないかい？ 隣んちの息子をごらんよ。隣も同じ和尚さんのところに行ったのに、ただ『太郎』って呼んでるよ」

「だが、おめえも和尚さんの言ったこと、聞いたろう」と、おとっつぁん。「うちの坊主に将来幸運を授かりたいと思ったら、こう呼ばなくちゃならねえ」

「そうだね、おまえさん」。おかみさんはため息をつきました。

そして、寿限無寿限無五劫の擦り切れ、海砂利水魚の水行末雲来末風来末、食う寝るところに住むところ、藪ら柑子のぶら柑子、パイポパイポパイポのシューリンガン、シューリンガンのグーリンダイ、グーリンダイのポンポコピーのポンポコナーの長久命の長助は、ごくごく普通の男の子に育ちました。ここでは寿限無と呼ぶことにいたしましょう。

ある日、寿限無と親友の太郎は、学校に行く途中、風がどうやってできるかについてけんかを始めました。「ありゃ、木がくしゃみしてるんだよ」と寿限無は言いましたが、太郎が違うと言うので、寿限無は太郎の頭にぽかりと一発きついやつを食らわせました。すごくきつい一発だったので頭にこぶができ、太郎は泣き出しました。

太郎は寿限無のおっかさんのところに走っていきました。

「あいつがぶった」と、太郎は泣きわめきます。「寿限無寿限無五劫の擦り切れ、海砂利水魚の水行末雲来末風来末、食う寝るところに住むところ、藪ら柑子のぶら柑子、パイポパイポパイポのシューリンガン、シューリンガンのグーリンダイ、グー

リンダイのポンポコピーのポンポコナーの長久命の長助がおいらをぶった。頭に大きなこぶができちゃった。見てくれよぉ」

　「なんだって」と、おっかさんは大声を上げました。「寿限無寿限無五劫の擦り切れ、海砂利水魚の水行末雲来末風来末、食う寝るところに住むところ、藪ら柑子のぶら柑子、パイポパイポパイポのシューリンガン、シューリンガンのグーリンダイ、グーリンダイのポンポコピーのポンポコナーの長久命の長助がぶったのかい。待ってな、おとっつぁんを呼ぶからね。こりゃ、すぐなんとかしなくっちゃ」

　寿限無のおっかさんは隣の部屋に行きました。

　「ちょっと来ておくれ、おまえさん。今聞いたばかりなんだが、寿限無寿限無五劫の擦り切れ、海砂利水魚の水行末雲来末風来末、食う寝るところに住むところ、藪ら柑子のぶら柑子、パイポパイポパイポのシューリンガン、シューリンガンのグーリンダイ、グーリンダイのポンポコピーのポンポコナーの長久命の長助がこの太郎ちゃんをぶったそうだよ。信じられるかい、寿限無寿限無五劫の擦り切れ、海砂利水魚の水行末雲来末風来末、食う寝るところに住むところ、藪ら柑子のぶら柑子、パイポパイポパイポのシューリンガン、シューリンガンのグーリンダイ、グーリンダイのポンポコピーのポンポコナーの長久命の長助がそんなことをするなんて」

　「そいつは許せねえ」と、おとっつぁん。「せがれの寿限無寿限無五劫の擦り切れ、海砂利水魚の水行末雲来末風来末、食う寝るところに住むところ、藪ら柑子のぶら柑子、パイポパイポパイポのシューリンガン、シューリンガンのグーリンダイ、グ

ーリンダイのポンポコピーのポンポコナーの長久命の長助が誰かをぶつなんて、放ってはおけねえ。さて、こぶはどこだ？寿限無寿限無五劫の擦り切れ、海砂利水魚の水行末雲来末風来末、食う寝るところに住むところ、藪ら柑子のぶら柑子、パイポパイポパイポのシューリンガン、シューリンガンのグーリンダイ、グーリンダイのポンポコピーのポンポコナーの長久命の長助がどこをぶったか見せてみろ」

　「ここだよ、おじちゃん」と、太郎。「ここが、寿限無寿限無五劫の擦り切れ、海砂利水魚の水行末雲来末風来末、食う寝るところに住むところ、藪ら柑子のぶら柑子、パイポパイポパイポのシューリンガン、シューリンガンのグーリンダイ、グーリンダイのポンポコピーのポンポコナーの長久命の長助がおいらをぶったところだよ」

　でも、寿限無の名前を言うのにあまりに長くかかったので、寿限無のおとっつぁんが太郎の頭をさわってみたころには、こぶはもうひっこんでいました。

　「このちびが、うそこきやがって」と、おとっつぁんは怒鳴りました。「このゴキブリ小僧の、シラミの卵野郎の、ごくつぶしめが。よくもうちの寿限無寿限無五劫の擦り切れ、海砂利水魚の水行末雲来末風来末、食う寝るところに住むところ、藪ら柑子のぶら柑子、パイポパイポパイポのシューリンガン、シューリンガンのグーリンダイ、グーリンダイのポンポコピーのポンポコナーの長久命の長助が、やってもいないことをやったなんて言いやがったな」。そして、おとっつぁんは太郎の頭に一発きついやつを食らわせましたので、太郎は二度目に大泣きしながら、またもや頭にこぶをこしらえて逃げていきました。

<ruby>頭<rt>あたま</rt> 山<rt>やま</rt></ruby>

Head Mountain

Once upon a time, there was a man who liked cherries. He adored them, he lived for them, and when his brother sent him an enormous box filled with hundreds of cherries, the man was happy beyond words.

He couldn't eat them quickly enough. He grabbed great handfuls of cherries, stuffing them into his mouth, gobbling them down, savoring the cherries' delicious sweetness, and spitting the seeds out like a machine gun.

■Head Mountain: あたま山 [「あたま山の花火」などの別名がある。奇想天外でシュールな味わいが楽しい。「ケチなのでさくらんぼの種を吐き出さずに飲み込んだ」として、ケチの噺の枕に用いられることが多い。2つの国際映画祭でグランプリを受賞した山村浩二監督の短編アニメーション「頭山」の原作] ■once upon a time: むかしむかし [昔話などの出だしの決まり文句] ■cherry: さくらんぼ ■adore ...: …が大好きである ■live for ...: …一筋である ■send: 送る [sent は send の過去形] ■enormous: 非常に大きい ■filled with ...: …が詰まった ■hundreds of ...: 何百もの…、たくさんの… ■beyond words: 表現できないほど ■can't eat ... quickly enough: どんなに素早く食べても足りないほどだ [すさまじい速さで食べるということ] ■grab: つかむ ■handful: ひと握り、ひとつかみ ■stuff ... into 〜: …を〜に詰めこむ ■mouth: 口 ■gobble ... down: …をがつがつ食べる、むさぼり食う ■savor: 味わう、賞味する ■delicious: おいしい ■sweetness: 甘さ ■spit ... out: …を吐きだす ■seed: 種 ■machine gun: 機関銃

He was in heaven.

He ate and he ate, and in a few seconds he had eaten all the cherries. Seeds lay scattered around him.

But there was one seed that he hadn't spat out. There was one seed that he had accidentally swallowed, and this seed sat inside the man's stomach, and we all know what happens when you swallow a seed.

Yes, they grow inside you.

■in heaven: 天にも昇る気分の [heavenは「天国」] ■in a few seconds: 数秒間で ■he had eaten: 食べてしまった [過去において完了したことを示す過去完了形。eaten は eat の過去分詞形] ■lie scattered around ...: …の周りにちらばっている [lay は lie の過去形] ■seed that he hadn't spat out: (口に入れた後に) 吐き出していなかった種 [過去におけるもう一つ前に起きるべきであった過去を表す過去分詞形。spatは spitの過去分詞形] ■accidentally: うっかり ■swallow: 飲みこむ ■sit: (食べ物が胃に) おさまる ■inside: 中に ■stomach: 胃 ■what happens: 何が起こるか ■grow: 育つ

At first, the man didn't notice anything. The seed grew inside him until one day, to the man's surprise, it sprouted out of the top of his head. By the spring of the following year, it had turned into a magnificent cherry tree.

The man wasn't too happy about this. It was rather inconvenient. His neighbors and their friends were, on the other hand, very excited when they saw the beautiful blossoms on the branches of the tree. "We must have a picnic," they all said.

■at first: 最初は　■notice: 気づく　■... until: …して、ついに、…して、そして　■to *one's* surprise: 驚いたことには、びっくりしたことには　■sprout out: 芽を出す、生え始める　■by the following year: その翌年までには　■turn into ...: …になる、…に変わる [**過去の時点ですでに完了していたことを示すため、had turned into ...と過去完了形になっている**]　■magnificent: 素晴らしい　■rather: いくぶん、かなり、相当　■inconvenient: 不便な、面倒な　■neighbor: 近所の人、隣人　■on the other hand: 他方　■excited: 興奮した、わくわくした　■blossom: 花 [**特に桜やリンゴなど食用果樹の花**]　■branch: 枝　■picnic: ピクニック [**ここでは「お花見」**]

So the man's neighbors and friends brought food and drink, and after asking permission of the man, who unwillingly agreed, they spread rugs around his feet.

"Thank you for having us," they all said. "Really, you've blossomed quite wonderfully, and what pruning! Do you do it yourself? I have an excellent man to do my bushes. I'll recommend him. Oh, don't move too much or you'll shake off all your blossoms."

■bring: 持ってくる [broughtはbringの過去形]　■food and drink: 食べ物と飲み物　■permission: 許可 [ask permissionで「許しを請う」]　■unwillingly: いやいやながら、しぶしぶ　■agree: 承諾する　■spread: 広げる [spreadは spread-spread-spread と変化する。ここは過去形]　■rug: 敷物　■foot: 足 [feet は footの複数形]　■Thank you for having us: 呼んでくれてありがとう [パーティーなどで使われる決まり文句。主催者側のThank you for coming.（来てくださってありがとう）に対するもの]　■really: まったく、実に　■wonderfully: 素晴らしく　■pruning: (植木の) 刈り込み、剪定　■excellent: 素晴らしい、優秀な　■do my bushes: うちの庭木の手入れをする [do は「処理する、整える」。bush は「低木、茂み」]　■recommend: 推薦する　■shake off: 振り落とす [ここは、剪定職人を紹介しようという申し出に、頭を振って断った (shake off) と掛けている]

Everyone ate and drank, and sang and danced, and had a wonderful time while the poor man with the tree growing out of his head just stood glumly in the middle. No one let him join in because, as they said, "That's not what trees do."

Word spread of the man with the cherry tree growing out of his head, and soon invitations were flooding in to "Head Mountain" (as they began to call him), asking him to come to this picnic and that picnic, but the man refused them all.

■while ...:…なのに対して　■poor: かわいそうな　■grow out of ...: …から生える　■stand: 立つ [stoodはstandの過去形]　■just: ただ　■glumly: むっつりして、ふさぎこんで　■in the middle: 真ん中に　■let him join in: 彼を加わらせる
[〈let＋A＋B（原形動詞）〉で「A（人・動物）にBさせる」、「AにBすることを許す」の意]
■spread: 広まる　■invitations: 招待　■flood in: どっと押し寄せる　■refuse: 断る

"I am more than just the tree sticking out of my head!" he cried angrily.

"Do you do children's parties?" asked the woman next door.

He decided to pull the tree out. Everyone was disappointed, but for a while things were quiet. Then came the rainy season and the rains fell very hard and the hole in the man's head, where the tree had been, filled with water.

■be more than just ...: …だけではない [be more than just a pretty face なら「かわいいだけではない、見かけより能力がある」] ■stick out of ...: …から 突き出している ■angrily: 腹を立てて ■child: 子供 [childrenはchildの複 数形] ■next door: 隣に住んでいる ■decide: 決心する ■pull ... out: … を抜く ■disappoint: 失望する、落胆する ■for a while: しばらくの間 ■things: 事 態 ■quiet: 静かな ■Then came the rainy season: = Then the rainy season came. [倒置されて語呂がよくなっている] ■fall: 降る [fell は fall の過去形] ■where the tree had been: 木があったところ [雨が降った、その時点で木はすでにないので、過去完了形になっ ている]

"Head Mountain's got a pond now," said the man's neighbor to his friends. "Looks good for fishing."

He and his friend went to Head Mountain's house with their fishing rods and line, and without asking permission, they started fishing in his head.

"A trout!" shouted one man triumphantly.

"Oh, I'm sorry," said another man, "I seem to have got my hook caught in your nostril."

■pond: 池　■Looks good for fishing.: = It looks good for fishing. (魚釣り によさそうだ)　■a rod and line: 釣り糸のついた釣竿 [複数形ではrods and line とrodだけにsがつく]　■without asking permission: 許可を求めずに　■trout: マス　■shout: 叫ぶ　■triumphantly: 勝ち誇って　■seem to ...: …らしい　■have got my hook caught in your nostril: 私の釣り針をあなたの鼻の穴にひっかけてし まった [〈get＋A＋B(形容詞または分詞)〉で「AをBの状態にする」。caughtはcatchの過去分詞形。 hookは「釣り針」。nostrilは「鼻の穴」]

The fishing party was a great success for everyone except, of course, Head Mountain. As the men left, one of them said, "We should hold our summer festival around the pond on Head Mountain. Fireworks look best when reflected in water."

"No, definitely no," shouted Head Mountain angrily, but his protests were drowned out.

■great success: 大成功　■except: …を除いて　■of course: もちろん
■leave: 去る [leftはleaveの過去形]　■hold: 開催する　■summer festival: 夏
祭り　■firework: 花火 [花火の打ち上げを指す場合は複数形]　■look best: 一番素晴
らしく見える　■reflect: 映す　■definitely no: とんでもない [definitelyは「絶
対」]　■protest: 抗議、異議申し立て　■be drowned out: (騒音などに圧倒されて) かき消
される、聞こえなくなる

So a few weeks later, the whole village broke down Head Mountain's door, pulled him out of the house, and tied him up in a nearby field. Fireworks flew overhead, their light glittering in the water on the man's head. Everyone sang and danced and ate and drank and had the most wonderful time.

Head Mountain fell into a depression after that. He shut himself into his house, thinking gloomy thoughts about the pond on his head, which, because of his unhappy thoughts, grew into a cold lake.

■whole village: 村中の人々　■break down: 壊す、打ち破る [brokeはbreakの過去形]　■pull ... out of ～: …を～から引っ張りだす　■tie ... up: …をしばりつける　■nearby: 近くの　■field: 野原、畑　■fly overhead: 頭上を飛ぶ [flewはflyの過去形]　■light: 明かり　■glitter: きらきら光る　■fall into a depression: 落ちこむ [fellはfall の過去形]　■shut *oneself* into ...: …に閉じこもる [shutはshut-shut-shut と変化。ここは過去形]　■think a gloomy thought: 陰気なことを考える [think a ... thoughtは、think が同族目的語を取る形で、ここはthoughts と複数になっているので「くよくよ、うつうつ」と繰り返し、あるいは「何度も」の意味が加わる。gloomyは「陰気な、憂鬱な」]　■which: =the pond [前にカンマがあるのは関係代名詞の継続用法。後のカンマは理由の挿入のため]　■grow into ...: 成長して…になる [ここでは池が主語なので「大きく広がって」の意味。grewはgrow の過去形]

Soon it was autumn and with it came rumors that the local Ladies Association wanted to use Head Mountain for their annual Charity Hot Pot dinner or possibly a foot spa.

The man grew even more depressed, and finally one night, deciding there was no point in living like this, he tragically took his own life. They say he leaped into the lake on his head. They never did find his body.

■with it came rumors that ...: それ（秋）の到来と一緒に…という噂が流れてきた [rumorを説明する that 以下が長いので、came と rumor の主語と動詞が倒置されている。 rumor は「噂」] ■local: 地元の ■Ladies Association: 婦人会 ■annual: 毎年恒例の ■charity: 慈善のための ■hot pot: 鍋料理 ■dinner: 夕食会 ■possibly: ことによると ■foot spa: フットスパ、足湯 ■even more depressed: ますます気が滅入って [even は比較級を強調する副詞] ■finally: ついに ■deciding ...: …と決心して ■there is no point in ...: …しても無駄だ [point は「目的、利益」] ■tragically: 哀れにも、悲惨なことに ■take *one's* own life: 自殺する ■they say ...: …という噂だ ■leap into ...: に飛びこむ ■They never did find his body.: 遺体は見つからなかった [did は強調。find は「見つける」。body は「遺体」]

むかしむかし、さくらんぼに目のない男がおりました。なにしろさくらんぼが大好きで、さくらんぼが命。ですから、何百粒ものさくらんぼが詰まった大きな箱が兄から送られてきたときには言い尽くせぬほどの喜びようでした。

　いやもう、この男がすごい勢いで食ったこと食ったこと。がばっとさくらんぼをつかんでは口に押し込んでむさぼり食らい、さくらんぼのおいしい甘さを味わって、機関銃のように種を吐き出しました。

　極楽、極楽。

　食いも食ったり、ものの数秒で男はさくらんぼをぜんぶ平らげてしまいました。周りは種だらけ。

　でも、1個だけ吐き出さなかった種がありました。うっかり飲みこんでしまったのです。種は胃の腑におさまりました。種を飲みこんだらどうなるか、みなさん、よく知っていますよね。

　そう、種はおなかの中で芽を出すのです。

　はじめ、男は何も気づきませんでした。種はおなかの中で育ち、ある日、驚いたことに頭のてっぺんから若芽が吹きだしました。翌春には、それは堂々たる桜の木になりました。

　男はあまりうれしくありませんでした。これはなかなか不自由なものです。ところが、近所の人たちやその友達仲間は、枝に咲いた美しい花を見てがぜん大はしゃぎ。「花見をしなくちゃな」と口をそろえました。

　そこで、近所の人たちと仲間は食べ物や飲み物を持ち寄り、男に断ってその足元に毛氈を広げました。男はふしょうぶしょ

う承知いたしました。

「いやどうも、お招きいただいて」と、みんなは口々にあいさつしました。「あんたもどうして見事な咲きっぷりだ。枝ぶりがまたいいね。剪定は自分でやるのかい？　うちの庭木の手入れをする腕のいい職人がいるが、よけりゃ紹介しよう。おっとそんなに動いちゃいけねえ、桜がみんな散っちまう」

みんな、飲めや食え、歌えや踊れの楽しいひとときを過ごしましたが、頭に木が生えた気の毒な男は真ん中でむっつり立っていました。一緒に楽しくやろうと声をかける者もおりません。「木の分際でそれはないだろう」というわけで。

頭に桜の木が生えた男の話は口から口に伝わりました。すぐに「あたま山」（みんな男をこう呼びはじめていました）は、こっちの花見に来てくれ、あっちの花見に来てくれと引っ張りだこになりましたが、男は片端から断ってしまいました。

「おれは頭に木が生えてるってだけの存在じゃねえ」。男は腹を立てて怒鳴りました。

「おたく、子供たちの花見は受け付けてるの？」と、隣のおばさんから問い合わせが入ります。

男は意を決し、木を引っこぬいてしまいました。誰もががっかりしましたが、しばらくの間は万事落ち着いていました。そのあと、梅雨に入って雨がざあざあ降り、木を抜いたあとの頭の穴に水がたまりました。

「あたま山に今度は池ができた」と、隣家の男が友達仲間を誘いました。「釣りによさそうだぞ」

隣家の男とその仲間は釣竿と釣り糸持参であたま山の家に行き、断りもせずに頭の上で釣りをはじめました。

「マスだっ」。ひとりが勝ち誇って叫びました。

「おっと失礼」と、べつの男。「釣り針をあんたの鼻の穴に引っ掛けちまったらしい」

釣りの会はみんな大満足に終わりました。といっても、あたま山だけはべつですが。帰り際にひとりが申しました。「あたま山の池のほとりで夏祭りをやらなくちゃな。水面に映る花火はまた格別だぜ」

「だめだ、金輪際だめだ」。あたま山は腹を立てましたが、抗議の声は騒ぎにまぎれて消えてしまいました。

そして、数週間後、村中の人々がやってきてあたま山の家の戸を破り、男を外に連れ出し、近くの原っぱに立たせてしばりつけました。花火が頭上を飛び、その明かりが頭の上の池の水に映ってきらきら輝きました。歌えや踊れ、飲めや食えの大騒ぎで、みんなすっかりご満悦でした。

そのあと、あたま山は落ち込んでしまいました。家に引きこもり、頭の上の池のことばかりうつうつと考えています。不景気なことばかり思っていたので、池は大きくなり、冷え冷えした湖になってしまいました。

すぐに秋がきて、地元の婦人会があたま山を恒例のチャリティー鍋の会場に使いたがっているという噂が流れました。それとも、フットスパもよさそうだ、とか…。

男はさらに落ち込みました。ついにある晩、世をはかなんだ

男は、悲しくも自ら命を絶ちました。うわさでは頭上の湖に身を投げたとか。その体はついに見つかりませんでした。

回り猫
A Name for My Kitten

Two old men meet in a park.

"I got a kitten yesterday."

"Did you? What are you going to call it?"

"I don't know. It's a boy kitten, so something strong, powerful, something manly."

"What about Champ?"

"That's too obvious."

"You think so? My daughter has a cat named Champ."

■A Name for My Kitten: 回り猫 [民話の「ねずみの嫁入り」に似たほのぼのとした筋立ての噺。どんどん展開していって、結局出発点に戻ることがオチになる「回りオチ」の代表例とされる] ■meet: 会う ■park: 公園 ■get: 手に入れる [gotはgetの過去形] ■kitten: 子ネコ ■yesterday: 昨日 ■it: =the kitten[動物はitで受ける] ■strong: 強い ■powerful: 強い、強力な ■manly: 男らしい ■What about ...?: …はどうだ？ ■Champ: =champion（チャンピオン） ■obvious: 見え透いた ■daughter: 娘 ■name: 名づける

"Exactly. Everyone calls their cat Champ. You call out Champ, you get a crowd of cats and dogs on your doorstep."

"Hercules, how about Hercules? Or Genghis Khan, Casanova, Rocky, Mifune, Botswana, Pork Chop or Godzilla, what about Godzilla?"

"Godzilla was a girl."

"What about Tiger? Tigers are powerful."

"Not bad, not bad. I like tiger, you know, as in Hanshin Tigers."

■exactly: そのとおり [相づち語]　■call their cat Champ: 自分たちのネコをチャンプと呼ぶ [〈call+A+B〉で「AをBと呼ぶ」]　■call out: (実際に声に出して) 呼ぶ　■a crowd of ...: たくさんの…　■on *one's* doorstep: 戸口に　■Hercules: ヘラクレス (ギリシャ神話の怪力の英雄)　■Genghis Khan: ジンギス・カン、チンギス・ハン (モンゴル帝国の創設者)　■Casanova: カサノバ (イタリアの文人で女たらし)　■Rocky: ロッキー (映画の主人公でボクサー)　■Mifune: 三船 (敏郎。俳優)　■Botswana: ボツワナ (アフリカの国名)　■Pork Chop: ポークチョップ (食べ物だが「チョップ」から強いものを連想して)　■Godzilla: ゴジラ　■Tiger: トラ　■not bad: 悪くない　■as in ...: …にあるような

"There's also Dragon. Dragons are more powerful than tigers."

"Do you think so?"

"I know so. And they have whiskers."

"Then I'll call the kitten Dragon."

"Wait, wait, we mustn't be hasty. Dragons can only reach heaven by riding on clouds. So the dragon is powerless without cloud."

"You're saying I should call the kitten Cloud?"

"Yes. Clouds are stronger than dragons."

■I know so.: 知っているとも [Do you think so? に対する定番の答え。so は相手の否定的な言葉や疑問に対する「もちろん、実際」という反駁] ■whisker: ひげ [ネコやネズミなどの堅く長いひげ] ■wait: 待て ■hasty: 早まった、早計な ■heaven: 天 ■ride on clouds: 雲に乗る ■powerless: 無力な

"Cloud's a little girly, isn't it? A little hippy-ish? I don't want a hippy kitty. There's enough free love among the local cat community as it is. And anyway, clouds are at the mercy of the wind. The wind can just blow a cloud away."

"So you should call the kitten Wind."

"That's not very elegant, is it? I mean, it sounds, well, sort of gastric."

"And a wall can stop wind."

"I am not calling my kitten Wall. How would you like being called Wall?"

■girly: 女の子っぽい　■isn't it: そうじゃないか？［相手に同意を求める付加疑問文］　■hippy-ish: ヒッピーっぽい［-ishが付いて「…っぽい」という言い方］　■kitty: 子ネコ　■local: 地元の　■community: 地域共同体　■as it is: 現状は、もうすでに　■at the mercy of ...: …のなすがままに　■wind: 風　■blow ... away: …を吹き飛ばす　■elegant: 上品な、優雅な　■well: ええと［ためらいを表す］　■sort of: いくぶん、多少　■gastric: 胃の［wind には「胃や腸にたまるガス」の意がある。break wind は「おならをする」という意味］　■wall: 壁　■How would you like ...?: …したりしたらあんたはどう思うか

"What about Brick Wall?"

"Well, no matter how strong a wall is, or what it's made of, something as little as a mouse can still nibble its way through. And before you ask, I'm not going to call my cat Mouse. Imagine the inferiority complex he would grow up with. What's more powerful than a mouse?"

"More powerful than a mouse? I don't know."

"I don't know either."

"A cat, I suppose."

And that is how the old man came to name his cat Cat.

■brick: 煉瓦 ■no matter how ... : どんなに…でも ■ (no matter) what it's made of: 何でできていても ■something as little as ...: …のように小さな何か ■mouse: ネズミ ■nibble *one's* way through: かじって穴をあけて進む ■imagine: 想像する、心に描く、仮定する ■inferiority complex: 劣等感 ■grow up: 育つ ■either: (否定文のあとで) …もまた…でない ■I suppose: たぶん

CD 031

おじいさんがふたり、公園でばったり。
「昨日、子ネコをもらってね」
「そうかい。名前はどうする」
「さあてね。オスなんで、強そうで、勇ましくて、なにか男らしい名前がいいね」
「『チャンプ』はどうだい」
「ありがちな名前だなあ」
「そうかい。わしの娘のネコもチャンプって名だが」

CD 032

「それみろ。誰も彼もネコにチャンプという名をつけよって。『チャンプ』と呼んでみろ、家の前にネコやイヌがうじゃうじゃ寄ってくるぞ」
「『ヘラクレス』。『ヘラクレス』はどうだい。それとも、『チンギスハン』、『カサノバ』、『ロッキー』、『ミフネ』、『ボツワナ』、『ポークチョップ』、それか『ゴジラ』。『ゴジラ』はどうだい」
「ゴジラは娘っ子だ」
「『タイガー』はどうだい。トラなら勇ましいだろう」
「悪くないな。『タイガー』はいい。阪神タイガースのタイガーだからな」

CD 033

「『ドラゴン』もいいぞ。勇ましさじゃ竜のほうがトラより上だ」
「そうかね」
「そりゃ確かだわ。それに竜にだってネコみたいなひげが生えとるし」
「それじゃ、『ドラゴン』と呼ぶことにするか」
「待て待て、そう急いちゃいけない。竜は雲に乗るからこそ

天に昇れるんであって、雲がなきゃ竜もかたなしだ」
　「子ネコを『雲』と呼べっていうのかい」
　「そうとも。雲のほうが竜より強いからな」

　「『雲』じゃちょっと女々しくないかね。ヒッピーかぶれみたいでなあ。ヒッピーの子ネコなんぞいらん。この辺のネコ社会じゃ、そうでなくてもフリーラブがはびこっとるんだ。それに、風が吹いたら雲なんぞひとたまりもなかろう。風なら雲を吹き飛ばしちまう」
　「それなら子ネコを『風』と呼べばいい」
　「そいつはあんまり品がよくないんじゃないかね。なんちゅうか、ぷうっと吹くイメージがなあ」
　「それに、壁なら風をくい止めちまう」
　「子ネコを『壁』とは呼べんよ。あんた、『壁』なんて呼ばれたいかね」

　「『煉瓦の壁』ならどうだ」
　「そうさな、どんなに壁が強かろうが、壁がどんな材料でできていようが、ネズミみたいな小さいもんがかじって穴を開けちまえるんだからな。それに、先に言っておくが、わしのネコを『ネズミ』とは呼ばんぞ。劣等感を抱えて育つことを考えてもみろ。ネズミより強いのはなんだい」
　「ネズミより強いものかい。知らんな」
　「わしも知らん」
　「ネコかな。たぶん」
　こういうわけで、おじいさんは自分のネコに『ネコ』という名前をつけたのです。

権兵衛狸
Gombei and the Raccoon

You won't believe what happened to me. A couple of weeks ago, I was in bed asleep, when I was woken up by a knock on the door. Somebody was calling my name, you know, "Gombei. Gombei."

"Who's this?" I thought. "Who's this knocking on my door at two in the morning? A robber, a murderer, perhaps? Or could it be an accident? Someone's hurt, someone's seriously injured, a child maybe, a life tragically cut short . . ."

■Gombei and the Racoon: 権兵衛狸 [タヌキの戸のたたき方を論じたり、つかまえたタヌキの前でタヌキ汁の話を出したりする箇所が知られているが、英語バージョンではそれらを切り捨て、愛嬌のあるタヌキに焦点を合わせている。raccoon は「アライグマ」だが、ここでは「タヌキ」の意味] ■believe: 信じる ■happen to ...: …に起きる ■a couple of weeks ago: 2週間前、2、3週間前 ■asleep: 眠って ■be woken up by ...: …に起こされる [woken は wake の過去分詞形] ■knock: ノック ■you know: ほら、その ■robber: 強盗、泥棒 ■murderer: 人殺し ■perhaps: たぶん ■accident: 事故 ■hurt: けがをした ■seriously injured: 重傷を負った ■child: 子供 ■maybe: たぶん ■tragically: 悲劇的に ■cut short: 中断される [cut は cut-cut-cut と変化。ここは過去形]

I told whoever it was to go away. But they continued to knock and call, and so I got up and opened the door. No one there. I looked around. Everything was quiet. I thought to myself, "It's probably someone playing a trick. Some snot-nosed child."

So I went back to sleep and the knocking started again. "Gombei, Gombei," the person called. I ignored them. Opening the door would only encourage them. But whoever it was wouldn't go away. So I got up again, ran to the door, but again, no one.

■whoever it was: 誰か知らないがそこにいた者に　■go away:（命令文で）あっちへ行け　■continue to ...: …し続ける　■get up: 起きる [got は get の過去形]　■look around: 周りを見回す　■quiet: 静かな　■think to *oneself*: ひそかに考える、心の中で思う　■probably: おそらく、おおかた　■play a trick: いたずらをする　■snot-nosed: ハナのたれた、厚かましい　■ignore: 無視する [目的語の them は、the person を受けているが、「誰だかわからないその人」という総称を表して複数形になっている]　■encourage: 助長する　■run to ...: …のところに駆けつける [ran は run の過去形]　■no one: =no one there

This time, though, I only pretended to go back to sleep. I hid behind the door, and when the knocking started again, I pulled it open and grabbed the person there.

What I found in my hands was a raccoon. "I knew it," I thought. "Only a raccoon would do something like this." So I shook it angrily and told it never to come back. I also shaved the top of its head, and said, "If you come back, I'll shave you again."

■this time: 今回は　■though: だが　■pretend to ...: …するふりをする ■hide: 隠れる [hid は hide の過去形]　■behind: 後ろに　■pull ... open: …を引き開ける、さっと開ける　■grab: ぎゅっとつかむ、とらえる　■would do ...: …するものだ　■shake: ゆさぶる [shook は shake の過去形]　■angrily: 怒って、腹を立てて　■it: (動物を指して) それを　■shave: 剃る

The raccoon disappeared into the darkness and for a couple of weeks I was able to sleep without disturbance.

But then last night, I was fast asleep when I was woken up by a knocking at the door and that blasted raccoon calling, "Gombei, Gombei." "That's it," I thought to myself. "I've had enough!"

■disappear: 消える　■darkness: 闇 [この意味では必ずtheを伴う]　■be able to ...: …できる　■without disturbance: 妨げられることなく [disturbance は「妨害、邪魔」]　■fast asleep: 熟睡して [fast は「ぐっすりと」]　■blasted: いまいましい　■that's it: (いらだちを表して) もうたくさんだ、うんざりだ　■have had enough: もうたくさんだ

When I opened the door the raccoon was there, leaning against a tree with an air that could only be described as cocky. There was a great flashing light, as though from an alien spacecraft, but it was, in fact, an enormous electric barber's pole next to the door.

"My hair's a little long," the raccoon said. "You did promise to shave me if I came back, and here I am. You can give my whiskers a little trim while you're at it."

■lean against ...: …によりかかる [againstは「背中を付けて」の意味] ■air: 雰囲気、様子 [この意味ではan air と不定冠詞が付く] ■can only be described as ...: …としか言いようのない [describe は「描写する」] ■cocky: 生意気な、つけあがった ■flashing light: ピカピカする光 ■as though ...: まるで…のような ■alien: 宇宙人の、宇宙の ■spacecraft: 宇宙船 ■in fact: 実際は ■enormous: 巨大な ■electric: 電気で動く ■barber's pole: 床屋の看板柱 ■did promise: =promised [強調のdoの用法で、ここは過去なので didとなっている。promiseは「約束する」] ■give ... a little trim: =trim ... a little（…をちょっと切りそろえる） ■and here I am: だから来たんだ ■whisker:（ネコなどの）ひげ ■while you're at it: ついでに

66

おれの話を聞いても信じてもらえねえだろうな。2週間ほど前のこと、布団に入って寝ていたおれは、戸をたたく音で起こされた。誰かがおれの名前を呼んでいる。「権兵衛、権兵衛」ってな。

　「誰だろう」とおれは考えた。「夜中の2時に家の戸をたたくなんて、どこのどいつだ。泥棒か、はたまた人殺しかね。それともなにか事故でもあったか。誰かがけがをしたか、重傷を負ったか。子供かもしれねえな。悲しくもはかなく散る命…」

　誰だか知らねえが、行っちまえ、とおれは言った。だが、戸をたたく音と名前を呼ぶ声は続いている。そこでおれは起きていって戸を開けた。誰もいねえ。周りを見回したが、しんと静まりかえっている。おれは考えた。「誰かのいたずらだろう。どっかのハナたれ小僧だな」

　そこで、もう一度布団に入って寝ようとしたが、また誰かが戸をたたき始めるんだ。「権兵衛、権兵衛」って呼ぶ声もする。おれは知らんぷりを決め込んだ。戸を開けたりしたら相手は図に乗るだけさ。だが、誰か知らねえが、そいつは消えてなくならなかった。そこで、おれはまた起きて戸のとこに駆けつけたが、またぞろ誰もいねえ。

　だが今度は、おれは布団に戻って寝たふりをしただけだった。戸の後ろに隠れ、誰かがたたきはじめた瞬間、戸を引き開けてそこにいたやつをひっつかまえた。

　つかまったのはタヌキだった。「そうだよなあ」と、おれは考えた。「こんなことをするのはタヌキと相場が決まっている」。おれはむかついてタヌキをゆさぶり、二度と来るなと言ってや

った。その上、そいつの頭のてっぺんの毛を剃って、「もし戻って来たらまた剃ってやるぞ」と言い聞かせた。

CD
039

　タヌキは暗闇の中に消え、おれは2週間ほど邪魔されずに眠ることができた。
　ところが昨晩、ぐっすり眠っていたおれは、戸をたたく音と、あのいまいましいタヌキが「権兵衛、権兵衛」と呼ぶ声で起こされた。「いいかげんにしろ」とおれは思った。「もうたくさんだ」

CD
040

　戸を開けると、タヌキがそこに、木によりかかって立っていた。いや、その小生意気な様子ったら。そこには異星人の宇宙船から持ってきたようなピカピカ光るものが見えたが、何のこたあない、戸のわきに電気で回るでっかい床屋の広告柱が置いてあるのさ。
　「頭の毛がちょいと伸びたんでね」とタヌキはぬかしやがった。「戻ってきたら剃ってやるって約束したろ、だから来たのさ。ついでにひげも整えてくんないか」

天狗裁き
The Judgment of the Tengu

Kihachi woke one morning to find his wife squatting over him, looking at him intently.

"What were you dreaming about?" she demanded.

"Nothing," Kihachi said.

"You were dreaming about something. I know it. Something good. Share it!"

"I don't remember."

"Yes, you do, you just won't tell me about it."

"But how can I tell you about it if I don't remember?"

■The Judgment of the Tengu: 天狗裁き [夢がテーマになった噺。『羽団扇』という演題で、途中で天狗の羽団扇をだましとるというバージョンもある] ■wake (up) to ...: 目が覚めて…する [この to は〈結果〉を表す。woke は wake 過去形] ■find his wife squatting over him: 妻が彼の上に屈みこんでいるのがわかる [〈find＋A＋B (...ing)〉で「AがBしているとわかる」。wifeは「妻」。squat は「しゃがむ」で、後にover …と続くから、「…の上に低い姿勢で覆いかぶさる」の意] ■intently: 一心に、じっと ■dream about: (…の) 夢を見る ■demand: (強い調子で) 尋ねる ■something good: 何かいいもの、いいこと ■share: (人に) 話す、伝える ■remember: 覚えている ■Yes, you do: そんなことはない、覚えている [前文の否定文に対し、反駁したせりふ。do=remember] ■just: ただ

"You're lying. You had such a nice dream you want to keep it to yourself. I hate you."

"Be reasonable."

"I don't know why I married you."

"Honestly . . ."

"My father hated you too. From the start."

"He was always very nice to me."

"He said you had no backbone."

"He said that?"

■lie: うそをつく　■such ... (that)〜: あまりに … なので、〜する [ここでは後のthatが省略されていると考える]　■keep ... to *oneself*: …を秘密にしておく　■hate: 憎む　■reasonable: むちゃを言わない、道理をわきまえた　■marry: 結婚する　■honestly: （軽い怒りやじれったさを表して）まったく、あのね　■from the start: 最初から　■always: いつも　■nice to ...: …（人）に対して親切な、優しい　■have no backbone: 根性がない [backbone は「気骨、根性」]

"Yes, and more. But I still married you. Even though my whole family was against it. I didn't think you would become like this. I didn't think you would become a person who wouldn't share his dreams. Oh, it is a woman's lot to suffer at the hands of men!"

"How do you know I was having a dream anyway?"

"Because you had a big, fat grin on your face."

"Well, I don't remember, I'm sorry."

"You aren't sorry."

"Yes, I am sorry."

■and more: = he said more bad things about you　■still:　それでも　■even though ...: たとえ…でも　■whole family: 家族全員　■be against ...: …に反対だ［「…に賛成だ」はbe for ...］　■lot: 運命、巡り合わせ　■suffer: 苦しむ　■at the hands of ...: …によって、…の手にかかって　■anyway: とにかく　■have a big fat grin: 大きなニヤニヤ笑いをする　■Yes, I am sorry.: いいや、すまなく思っている［日本語では「いや」となるが、前の否定文に対する反駁（肯定する）としてyesとなることに注意］

"It was about a woman, wasn't it? That's why you're sorry."

"Please . . . This is ridiculous."

"It's that woman down at the inn, isn't it? The brassy one, parading around the place, exhibiting her breasts like they were yubari melons."

"No!"

"Well, my fine husband, she dyes her hair!"

At this moment, their neighbor entered.

■ridiculous: ばかげた、とんでもない　■down at ...: …の [down は漠然と話し手との距離が離れていることを示す。「下の」の意味はない]　■inn: 宿屋　■brassy: 厚かましい、恥知らずな　■parade: 練り歩く　■exhibit: 見せる、公然と示す　■breast: 胸 [ふつう breasts と複数で用いる]　■like ...: =as if ...　■fine: 立派な [ここでは反語的に皮肉って言っている]　■husband: 夫　■dye: 染める　■neighbor: 隣人　■enter: 入る

"What's going on?" the neighbor said. "I heard shouting."

"My husband is leaving me for another woman!" cried the wife.

"This is nonsense," said her husband.

"Please," said the neighbor to the sobbing woman. "Go outside, and I'll talk with your husband."

The wife left the house.

■what's going on?: 何事だ、何が起きているのか？　■shout: 叫ぶ　■leave ... for 〜 : 〜を取って…を捨てる [for は「〜の代わりに」の意味]　■another woman: ほかの女性（愛人）　■cry: 叫ぶ　■nonsense: たわ言　■sob: 泣きじゃくる、むせび泣く　■outside: 外　■leave the house: 家から出る [left は leave の過去形]

"So what happened?" asked the neighbor.

"Oh, a dream," said Kihachi.

"So what was the dream about?" asked the neighbor.

"I didn't have one," said Kihachi.

"Come on, you can tell me."

"My wife thought I had a dream. She was wrong, but she wouldn't believe me, and that's why we started fighting. It's idiotic."

"Tell me."

"Honestly, I don't remember. I'd tell you if I did."

■happen: 起きる [what happened?で「どうしたの？」「何があったんだ？」]　■come on: （命令文で、懇願・説得などを表して）頼むから、いいでしょう、さあさあ　■wrong: 間違っている　■fighting: けんかすること　■idiotic: ばかげた

"How long have I known you?"

"For most of my life. Since we were children. You're one of my best friends."

"And you won't tell me your dream."

"Oh, please, don't you start."

"Do all these years of friendship mean nothing to you?"

"Listen, I would tell you if I had a dream, but I haven't."

"We were like brothers."

"We still are."

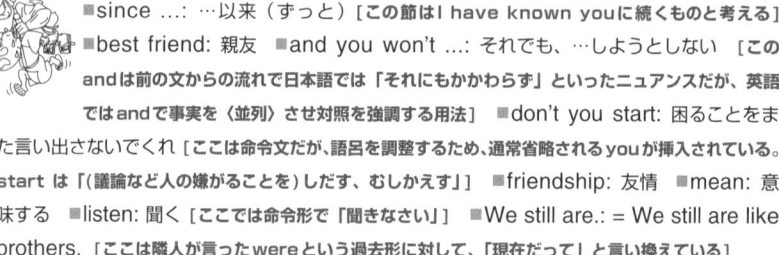

■since ...: …以来（ずっと）[この節はI have known youに続くものと考える] ■best friend: 親友　■and you won't ...: それでも、…しようとしない　[このandは前の文からの流れで日本語では「それにもかかわらず」といったニュアンスだが、英語ではandで事実を〈並列〉させ対照を強調する用法]　■don't you start: 困ることをまた言い出さないでくれ [ここは命令文だが、語呂を調整するため、通常省略されるyouが挿入されている。start は「(議論など人の嫌がることを)しだす、むしかえす」]　■friendship: 友情　■mean: 意味する　■listen: 聞く [ここでは命令形で「聞きなさい」]　■We still are.: = We still are like brothers. [ここは隣人が言ったwereという過去形に対して、「現在だって」と言い換えている]

"No. Not any more. Not now you're hiding things from me."

"But I'm not."

"I would have died for you in battle."

"You'd have died because you're hopeless with a sword."

At that moment, a watchman came by.

"I heard shouting," the watchman said. "What's going on?"

"This man," said the neighbor, pointing at Kihachi. "My closest friend, my only friend in the world, this man will not share his dream with me."

■Not any more.: もうそうではない　■hide ... from ～ : …を～から隠す　■I'm not.: = I'm not hiding things from you.　■I would have died for you in battle.: 戦場であなたのために死んだだろう [〈would have+過去分詞〉で「…したであろうに、…だったであろうに」の意の仮定法過去の帰結文。die は「死ぬ」、battle は「戦い」]　■hopeless: 下手な、上達する見込みのない　■sword: 刀 [発音注意]　■at that moment: そのとき　■watchman: 警備員 [ここでは「目明し」のこと]　■come by: 通る、立ち寄る [came は come の過去形]　■point at ...: …を指し示す　■closest friend: 一番親しい友 [closest は close (親しい) の最上級]　■share ... with ～ : …を～と分かち合う→…を～に打ち明ける

"Why not?" the watchman asked.

"Because there is no dream," said Kihachi.

"Everyone has a dream," said the watchman. "It's what makes us human."

"Do you remember," said the neighbor, his voice choking with emotion. "Do you remember that summer long ago? We'd just stolen persimmons from old Mrs. Tenugui's garden. We were sitting in the sun by the river, and you said no matter what happened, we'd look out for each other, we'd always be there for each other."

"I don't see how that's connected with anything," said Kihachi.

■Why not?: なぜしないのか、してもよいではないか　■make us human: 私た
ちを人間にする [〈make＋A＋B〉で「AをBの状態にする」。human は「人間」] ■voice:
声　■choke with emotion: 感情が高ぶったあまり口がきけなくなる [choke
は「息が詰まる、窒息する」の意] ■We'd just stolen ...: …を盗んだところだった
[過去の時点ですでに完了したことを述べているため過去完了形(we had just stolen)になって
いる] ■persimmon: 柿　■garden: 庭　■river: 川　■no matter what happens: 何
が起ころうと　■look out for ...: …の世話をする、面倒を見る　■each other: お互い
■always: いつも　■be there for ...: …の助けになる存在としてちゃんといる　■I don't
see: わからない [ここのseeは「理解する、わかる」] ■be connected with ...: …と関係がある

"I will NEVER eat persimmons again," cried the neighbor.

"How could you?" said the watchman to Kihachi, tears in his eyes.

"Now you're against me?" asked Kihachi.

"You're under arrest," said the watchman.

Kihachi was dragged before the town magistrate.

"What has this man done?" demanded the magistrate through his great beard.

The watchman started: "This man has refused to . . ."

■never: 決して…ない [本文で大文字になっているのは強調のため]　■How could you?: よくまあそんなことができるな　■tear: 涙 [通例 tears と複数形。ここは with tears in his eyes と with を補って考える]　■against ...: …に敵対して　■You're under arrest.: おまえを逮捕する [under arrest は「逮捕されて」]　■be dragged before ...: …の前に引きずっていかれる　■town magistrate: 町の行政官、執政官 [ここでは「奉行」のこと]　■What has this man done?: この男は何をしたのか [現在完了形]　■through his great beard: 立派なひげの下から [beard は「ひげ」。発音注意]　■refuse to ...: …することを拒否する

"Guilty!" shouted the magistrate, thumping the table.

"He has refused," continued the watchman, "to say . . ."

"Guilty, I say!"

". . . what he dreamed about this morning, sir."

"Are you deaf, man?" shouted the magistrate. "This man is guilty. Take him outside, tie him to a tree. We will hang him tomorrow."

"This is not fair," shouted Kihachi. "This is not justice."

"I am a magistrate," said the magistrate. "Justice is what I say it is."

Kihachi was taken out into the garden.

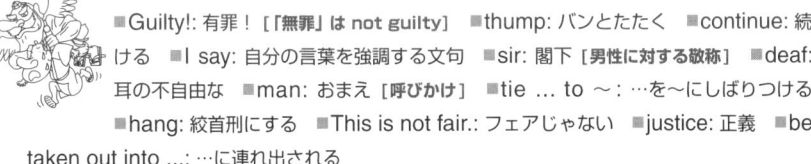

■Guilty!: 有罪！[「無罪」は not guilty] ■thump: バンとたたく ■continue: 続ける ■I say: 自分の言葉を強調する文句 ■sir: 閣下 [**男性に対する敬称**] ■deaf: 耳の不自由な ■man: おまえ [**呼びかけ**] ■tie ... to 〜: …を〜にしばりつける ■hang: 絞首刑にする ■This is not fair.: フェアじゃない ■justice: 正義 ■be taken out into ...: …に連れ出される

"There aren't any trees free," said the gardener. "The magistrate has been busy recently, and there are already about three prisoners tied to each tree. We will have to tie you to a shrub."

Night soon fell, and it was a very dark night with no moon. Kihachi heard a flutter of wings. Something large moved through the air above him. He looked up, trying to see what it was, but it was too dark. There was another flutter of wings, and then, all of a sudden, he was flying through the air. Something had grabbed him by the back of the neck and was holding him tightly in its grip.

■free: 空いている ■gardener: 庭番 ■busy: 忙しい ■recently: 最近
■already: すでに ■prisoner: 囚人 ■shrub: 低木 ■fell:（夜に）なる [fallは
fell の過去形] ■flutter: 羽ばたき ■wing: 翼 ■something large: 何か大きい
もの ■move through the air: 空中を動く ■above ...: …の頭上の ■all of a
sudden: 突然に、不意に ■fly: 飛ぶ ■grab ... by～: …の～をつかむ [grab、hold、catch
などとともに使われ、〈by the ...〉で、その動作を直接受ける部分を示す。ここで過去完了になっている
のは、喜八が宙に浮いたときには、すでにつかまれていたから] ■back of the neck: 襟首 ■hold
... tightly in *one's* grip: …をしっかりつかまえる [tightly は「しっかりと」。grip は「しっかり
つかむこと」]

"I am a tengu," a voice said above him, "and I am setting you free."

"Why?" asked Kihachi.

"Because you are innocent."

"At last, someone who has some sense."

They flew on in silence for a while.

"So what did you dream about?"

"I didn't have a dream."

■set ... free: …を自由にする [setはset-set-setと変化する] ■innocent: 無罪の、潔白な ■at last: やっと ■sense: 良識、分別 [have senseで「良識がある、分別がある」] ■fly on: 飛行する [flewはflyの過去形] ■in silence: 黙りこくって ■for a while: しばらく

"I set you free. I saved your life. You must tell me."

"But honestly I didn't have one."

"Is this how you repay me? Tell me, or I will drop you from this great height and your body will break on the rocks below, like an egg."

"I wish I could, but . . ."

And suddenly he was falling.

Falling, falling, falling . . .

■save: 救う　■didn't have one: =didn't have a dream　■Is this how repay me?: =Is this the way you repay me?　■repay: 報いる、お返しをする　■drop: 落とす [この前のorは命令文の後のorで、「さもなければ」]　■great height: 大変な高み [heightはhighの名詞形]　■break: 壊れる、ばらばらになる　■rock: 岩　■below: 下の　■I wish I could: できればそうしたい [I wish構文は、仮定法過去の用法]

And then he woke up. He was screaming the word "Egg!"

"Gosh, you look like you've had a bad dream," his wife said.

"Oh, it's nothing, really," said Kihachi.

"What were you dreaming about?"

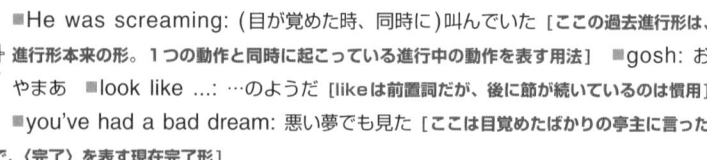

■He was screaming: (目が覚めた時、同時に)叫んでいた ［ここの過去進行形は、進行形本来の形。1つの動作と同時に起こっている進行中の動作を表す用法］ ■gosh: おやまあ ■look like ...: …のようだ ［likeは前置詞だが、後に節が続いているのは慣用］ ■you've had a bad dream: 悪い夢でも見た ［ここは目覚めたばかりの亭主に言った言葉なので、〈完了〉を表す現在完了形］

ある朝、喜八が目を覚ますと、おかみさんが自分の上にのしかかるようにしゃがみこんで、じっとこちらをうかがっておりました。

　「おまえさん、なんの夢を見てたんだい」と、おかみさんは問いただしました。

　「なんも」

　「なんか夢を見てたんだよ。わかってるんだ。なんかいい夢だろう。教えとくれよ」

　「覚えてねえ」

　「いいや、覚えてるくせに教えるつもりがないだけだろう」

　「覚えてねえものを教えようがねえ」

　「うそをおつきでないよ。あんまりいい夢だったもんだからひとりじめしようっていうんだね。おまえさんなんかきらいだよ」

　「いいかげんにしろ」

　「なんでおまえさんみたいな男と結ばれたんだか」

　「おいおい…」

　「あたしのおとっつぁんも、おまえさんのことをきらってたんだよ。はじめっからね」

　「おとっつぁんはいつもおれによくしてくれたが」

　「おまえさんのことをふぬけだって言ってたよ」

　「そんなことを？」

　「ああ。それだけじゃない、もっとひどいことを言ってたよ。だけど、あたしはおまえさんのところに来たんだ。家族みんなの反対を押し切ってね。おまえさんがこんなふうになるなんて

思いもよらなかったよ。自分の見た夢を教えないような人間に
なるなんて思わなかった。あーあ、男のために苦しむのは女の
さがなんだね」
　「とにかく、おれが夢を見ていたってどうしてわかる」
　「おまえさんがにたーっとうれしそうに笑っていたからさ」
　「うーん、覚えてねえな、悪いけど」
　「悪いなんて口先ばかり」
　「いや、悪いと思ってる」

　「女の夢だったんだろう。だから悪いと思ってるんだ」
　「たのむよ…、こりゃ、ばかげてるぜ」
　「宿屋にいるあの女だろう。宿の中をふんぞりかえって歩き
回り、夕張メロンかなんかみたいにおっぱいを見せびらかして
いる、面の皮の厚い女だよ」
　「違うってば」
　「あのね、ご亭主殿、あの女は髪を染めてるんだよっ」
　そのとき、隣人が入ってきました。

　「どうしたんだい。怒鳴り声が聞こえたが」
　「うちのひとがあたしを捨ててその女のところに行くって
のさ」。おかみさんが泣きわめきました。
　「ばからしい」と、亭主。
　「いいからいいから」。隣人は、わんわん泣いているおかみさ
んに申しました。「外に出ててくれないか。あんたのご亭主と
話してみるから」
　おかみさんは家から出ていきました。

「さて、どうしたってんだ」。隣人が尋ねました。
「ああ、夢の話なんだ」
「どんな夢だったんだい」
「夢なんか見なかったんだよ」
「おいおい、おれになら話せるだろう」
「うちのかみさんが、おれが夢を見たと思いこんだ。それは間違ってるんだが、かみさんはおれを信じねえ。それでけんかがおっぱじまったんだ。ばからしい」
「おれに教えてくれ」
「正直、覚えちゃいねえ。覚えていたら教えるよ」

「おれとおまえとはどれぐらいのつきあいだ？」
「ほとんど一生だな。物心ついてからずっとだ。おまえはおれの親友だよ」
「なのに夢を教えねえっていうのか」
「おい、たのむ、またぞろはじめないでくれよ」
「長年の友情もおまえには意味がねえんだな」
「聞いてくれ、夢を見たならおれだって教えるさ。でも、見てねえんだ」
「おれたちは兄弟みてえなもんだった」
「今だってそうだろう」

「いや。もう、そうじゃねえ。おまえがおれに隠しごとをしている今となっちゃな」
「してねえって」
「戦_{いくさ}があったら、おれはおまえの身代わりに死ぬのもいとわなかったのに」

「おまえは、刀はからきしだめだから死ぬんだろうよ」
そのとき、目明しがやってまいりました。
「怒鳴り声が聞こえたが、どうしたのだ」
「この男だが」と、隣人は喜八を指さしました。「こいつはおれの親友、唯一無二の友達だ。この男が、自分の見た夢をおれに教えようとしねえんだ」

「そりゃまたなぜだね」。目明しは尋ねました。
「夢なんか見てねえからさ」と喜八。
「誰にだって夢はある」と目明しが申しました。「それでこそ人間なのだ」
「おまえは覚えているかい」。隣人が言いました。こみあげてくるもので声がかすれています。「ずっと昔のあの夏。手拭ばあさんちの庭の柿を盗んだすぐ後のことだった。川べりで陽だまりの中に座り、おまえはこう言ったじゃねえか。何があろうとおれたちにはお互いがついている、いつだってふたりは一緒だって」
「それが何の関係がある」

「おれはもう二度と柿は食わんぞ」と隣人が怒鳴ります。
「おまえはなんでそんな仕打ちができるんだい」。目を涙でうるませた目明しが喜八に尋ねました。
「今度はあんたまでおれの敵に回るのか？」
「おまえをしょっぴく」
喜八は奉行の前に引きずり出されました。
「そこな者は何をしでかしたのじゃ」。立派なひげの奉行が問いただしました。

目明しは話しはじめました。「この男が拒んでおりますのは…」

CD
051

「有罪っ」。奉行は叫んで机をたたきました。

「この男が拒んでおりますのは」と、目明しが続けます。「話をすることで」

「有罪であるっ」

「…今朝見た夢について話すのを拒んでいるのでございます」

「耳が聞こえんのか」。奉行が怒鳴りました。「この男は有罪だ。外へ連れてゆき、木にしばりつけよ。明日、吊るし首に処す」

「不公平だ」と、喜八は叫びました。「こんなの、正しい裁きなもんか」

「わしは奉行である。わしがそうだといえばそれが正しい裁きなのだ」

喜八は庭に引き出されました。

CD
052

「空いてる木がねえ」と、庭番が言いました。「お奉行さまはこのところ忙しく仕事をなすったんで、1本の木にすでに3人ぐらいずつ、とが人がしばられているだ。おまえは茂みにくくりつけておこう」

すぐに夜の帳（とばり）が下りました。月のない真っ暗な闇夜です。喜八の耳に羽根がばさばさいう音が聞こえました。何か大きなものが頭上を動いています。喜八はあおむいてそれがなんだか見定めようとしましたが、暗すぎて見えません。もう一度羽ばたきの音がしたかと思うと、いきなり喜八は宙を飛んでいました。何かが喜八の首ねっこをとらえ、ぎゅっとつかんで持ち上げたのです。

CD 053

「わしは天狗だ」。上のほうで声がしました。「おぬしを自由にしてやろう」

「なぜですか」と喜八が尋ねました。

「おぬしに罪はないからだ」

「ようやくもののわかったお人が現れたな」

天狗と喜八はしばらく黙って飛んでいました。

「で、おぬしの夢はどんな夢だったのだ」

「夢など見てねえんで」

CD 054

「わしはおまえを自由にしてやった。命を救ってやったのだぞ。教えぬわけにはいくまい」

「でも、正直な話、見なかったんで」

「それが恩に報いるやり方か？　教えろ。さもなくばこの高さからつき落とすぞ。おまえの体は下の岩にぶちあたり、卵のようにこなごなになるのだ」

「おれだって教えてえのはやまやまだが…」

突然、喜八は落ちていきました。

下に、下に、下に…。

CD 055

そして目を覚ましました。「卵っ」と叫びながら。

「あらまあ、おまえさん、悪い夢を見たようだね」と、おかみさん。

「いや、なんでもねえんだ、ほんとうに」

「おまえさん、どんな夢を見てたんだい？」

● 編者紹介

ベンジャミン・ウッドワード（Benjamin Woodward）

シドニー生まれ。オックスフォード大学アジア研究学科
卒業。ジャパンタイムズ「週刊ST」編集部に所属。趣味
は読書、映画・演劇鑑賞など。室内楽をこよなく愛し、
自身でもピアノを演奏。

英語で読む古典落語

2007年6月5日　初版発行
2008年3月20日　第3刷発行

編　者　　ジャパンタイムズ「週刊ST」
　　　　　© The Japan Times, Ltd., 2007
発行者　　小笠原 敏晶
発行所　　株式会社 ジャパンタイムズ
　　　　　〒108-0023　東京都港区芝浦4-5-4
　　　　　電話 （03）3453-2013 ［出版営業部］
　　　　　　　（03）3453-2797 ［出版編集部］
振替口座　00190-6-64848
　　　　　ジャパンタイムズブッククラブ
　　　　　http://bookclub.japantimes.co.jp/
　　　　　上記ホームページでも小社の書籍を
　　　　　お買い求めいただけます。
印刷所　　図書印刷 株式会社

定価はカバーに印刷してあります。
万一、乱丁落丁のある場合は、送料当社負担でお取り替えいたしま
す。ジャパンタイムズ出版営業部あてにお送りください。
Printed in Japan
ISBN 978-4-7890-1269-0